老いを愉しむ、母娘の「暮らしのコツ」

大川末久瑚 著

JN076357

Clover
クローバー出版

老いを愉しむ、母娘の「暮らしのコツ」

はじめに

親愛なるみなさん。

敬意を込めて、こう呼ばせていただきます。

これから、親の世代が高齢に差し掛かり、そう遠くない将来、その看取りをするであろうみなさんに、ほぼ同じ時代を一緒に生きてきた、仲間、同志のような、そんな親しみを感じています。

さて、みなさん、どのような形で親を看取ると考えていますか？

親と離れて暮らしている方は、「いずれは、自宅に引き取るのかな」と、漠然と考えているのかもしれません。もしくは、介護が必要になったら、「どこか施設を探さなきゃならないだろうな」と思いを巡らせているかもしれません。

子どもにとっては漠然とした不安も、当の本人—親にとっては切実なものです。

親の不安は、夜にはどんどん膨らみ、布団の中で、「自分はどうやって死ぬのだろう」「寝たきりになってしまうのだろうか」「認知症になって人に迷惑をかけないだろうか」などとついつい考えてしまうのです。

自分の悲しい最期を想像してしまい、眠れぬ夜を過ごしている方がたくさんいます。それを考えたくないがために、炎天下であろうと雨であろうと、気を張って外出している方すらいるほどです。

しかし実は、その「頑張り」こそが、介護が必要な状態に親御さんを追い込んでいく事をご存知でしょうか？

現代の、モノに溢れ、平和な日本の環境であれば、人は最期の1日まで、元気で幸せに生きる事ができると、私は確信しています。

ただ、それは、漠然と暮らしていては、難しいのです。娘のサポートが必要です。

離れて暮らしていても、まだ親が元気なうちに、早めにサポートを始める事で、その幸福な看取りが可能になります。

未曾有の超高齢化時代を明るく照らすのは、娘たちの力があってこそなのです。

母との大切な時間を
輝いたものとすること、
愉しみながら過ごすこと、

それが、あなたの今後の人生において、
光を放つ宝物になる。

もくじ

目に入る場所に、笑顔になる写真を贈る

まず、親御さんが最期の1日まで幸せに生きるためには、ポジティブな気持ちを持ち続けてもらう事が重要です。「死の現実」は目前に迫ってきてはいるけれど、だからこそ、毎日を楽しく過ごし、悔いなく、パッと旅立とうと思ってもらう。そのような前向きな心を持ち続けてもらうためには、娘のサポートが必要です。

ところが、人生には毎日様々な事が起こります。いつもポジティブというわけにはいきません。若い人ですらそうなのですから、まして年をとると、

気を落とす事は増えるもの。

お友達に言われた事にくよくよしたり、天気が悪くて気持ちが沈んだり、ちょっとした自分の失敗で怪我したり……。その都度、情けない思いにかられてしまいます。

そんな時のために、多くの時間を過ごす部屋に、元気アップの秘策を仕込んでおくのです。

たとえばあなたの子ども、つまり、親御さんから見た「孫の写真」をカレンダーなどにしてプレゼントするのも良いでしょう。

「孫の写真」はさしあげているかもしれませんが、落ち込んだ時にアルバムを開くという発想にはならないものです。いつも目に入る壁に、可愛い孫の写真を見つければ、それだけでビタミン剤のように元気ポイントが上がります。

カレンダーで、富士山や神社など、パワースポットの写真をよく見かけますが、どんなに素晴らしい写真でも、見る人になんの思い入れもなければ、せっかくのパワーも発揮されないのです。

人が何かに対して、『好き』という感情を抱いた時、その人と好きなものの間には、エネルギーが発生している気がします。恋愛で例えるなら、言葉に出さなくても『好き』の想いは伝わりますよね。同じように好きになるものが物質であっても、感情の交流はできると思うのです。

写真を見て『好き』『素敵』などの感情が発生すると、そのエネルギーが写真に飛んでいきます。すると、写真からも好ましいエネルギーが跳ね返ってきて、ワクワクした感情が倍増していくのです。

最近解明されつつある、量子力学という科学分野では、その見えないエネルギーを『フォトン』と名付けているようです。楽しい感情のエネルギーを乗せたモノを置く事で、落ち込んだ気持ちを元気づける事ができます。

親御さん自身の楽しかった時の写真や、充実した体験を象徴するような写真があれば、それも良いでしょう。大きく引き伸ばして、部屋に飾ってあげると良いですね！「そういえば、こんなすごい事ができたんだ、私って素晴らしい！」と本人が、過去の事を思い出し、自己肯定感を高められる一枚を選ぶのです。

このように、たった一枚の写真を飾るという行為だけでも、親御さんの気持ちを支える事ができます。

適度な塩分補給で熱中症を防ぎながら、行動範囲を広げる

最近の夏の暑さは殺人的ですね。真夏はもちろん、油断してはいけないのが5月や6月。急に気温が上がり、体が慣れていないために、大きなダメージを受けます。高齢者の方は特に体温調整が苦手なので、高温に「気をつけなければ！」と考え、親御さんの行動を制限していませんか？

実はそれは、とても勿体ない事です。熱中症にならない対策をしっかりすれば、暑さを怖がらずにどんどん出かけて行けます。そして自分が外に出かけられるという事は、親御さんにとって大きな自信となり、毎日を楽しく過

ごす事につながるのです。

熱中症予防には水分と、塩分が非常に重要！　そしてその摂り方には、ポイントがあります。

まずは水分の摂り方について。水分をこまめに摂りましょうと言われますが、実は水ばかり飲んでいると、かえって体液が薄くなって、熱中症になってしまう危険性がある事をご存知ですか。

汗をかいて失われるのは体液なので、そんな時は体液に近い水分を補充すれば良いのです。

最近は塩分の必要性も理解されて、塩飴も売られていますね。

「塩飴を舐めて、水を飲む」でも良いのですが、最初から塩が入った水を飲んでしまうのがおすすめの方法です。実際その方が、塩分調整をする腎臓の負担が小さいので、疲労も軽減されるようです。

水に対して１％の塩を入れた水が、ほぼ体液の塩分濃度と言われています。塩水を飲むなんて、と思う方もいるかもしれませんが、１％の塩を溶かして飲んでみると、しょっぱさはほとんど感じず、なんとなく味がついているな、と感じる程度でしょう。お金をかけてあれこれとドリンクを買うより、安上がりなのでおすすめです。

どれくらいの量を飲んだらいいかは個人差があるので、少し見極めてアドバイスしてあげると良いと思います。

というのは、水分が足りないのではなく、汗がかけない体になっている事こそが問題だと提唱しているお医者さんもいるからです。

体の状態は個人差があります。誰もがたくさん塩水を飲めば良いわけではないのですね。特に腎臓が弱い方がむやみに水を飲み、汗を出せない状態になると深刻な事態になりかねません。

もちろん、汗を出せる体にする努力は必要です。夏前から、適度な運動で汗をかき、汗腺を開いておくと効果的です。

つぎに、塩についてです。

血圧が高くて、お医者さんの指示通り、減塩をしている方は、夏に弱い傾向があります。塩がなければ人間は生きていかれません。それなのに、健康のために減塩が必要とされているのはなぜでしょう？　減塩醤油や減塩味噌まで販売されています。

本当に減塩は必要でしょうか？

それは、塩の質によると言えます。良い塩なら減塩は必要ないけれど、悪い塩はあまり食べない方が良いのです。

１９７２年、法律で塩は国の専売になり、従来の製法で塩を作る事ができなくなりました。それまでは、海に囲まれた日本ならではの光景として、砂浜に塩田が広がっていました。海水を何度も何度も塩田に注ぎ、そこから、海の成分をぎゅっと凝縮した塩を作っていたのです。

良い塩とは、ナトリウムだけでなく、海水に含まれるミネラル（マグネシウム・カルシウム・亜鉛・カリウム・ヨウ素・銅・マンガン・クロム・モリブデン・ホウ素など何十種類もの微量原子）を含んだ塩の事です。

良い塩であれば、たくさん食べても、カリウムも豊富に含まれるため、ナトリウムだけが体に残り高血圧になる事はないのです。ミネラルはバランスが大事です。

かつて海で生きていた人間は、陸に上がる時、海の成分を食品や飲料から体の中に取り入れる決断をしたと言われています。体内に海の成分が含まれている事が、健康を大きく左右するのです。

明治時代の写真で、女性が自分の体の倍くらいの大荷物を抱えて運んでいる姿を見た事があります。それも1人や2人ではなく、何人もの女性が大荷物を平気で抱えているのですから驚きました。車のない時代、お伊勢参りなど多くの人が徒歩で行っていた事も有名ですね。

昔の人は、寿命は短かったかもしれないけれど、とても丈夫だったといえるのです。

もちろん、他の要因もあるかと思いますが、毎日食べる塩は、その大きな要因であると考えられます。

１９７２年から法律が改正される１９９７年まで、日本人が食べられる塩は、主に精製塩でした。塩の中からナトリウムだけを取り出し、その上、塩をサラサラにするためにアルミニウムなどを添加したものです。詳しい説明は控えますが、精製塩は、体にとってかなり悪い塩です。減塩しなければならないという根拠はそこにあります。

１９９７年に法律が変わり、塩が自由化されました。有難い事に、良い塩を作れる会社が増えてきました。ぜひ、良い塩をたっぷり使った美味しい食事を楽しんで、夏の暑さに負けない体になっていただきたいと思います。

また、食事だけでは、摂取できるミネラルが足りないかもしれません。

お風呂に塩やにがりを入れて、入浴する事もおすすめします。

かつて、国民の健康のために海水浴を普及させたのは、明治時代の医師でした。

皮膚から海のミネラルを吸収する事でのデトックス効果と、免疫力の向上効果があると考えたからでしょう。実際に、病気の治療にも効果があったので、広く海水浴場を開き、健康維持に役立てたのです。

温泉での湯治文化がある事からも、皮膚からミネラルを摂取するのは有効だとわかります。

「夏に海水浴に行くと、冬に風邪をひかない」とも言われていました。体液のミネラル濃度が上がると、免疫力が向上するのです。

海水浴の代わりに、海のミネラルをぎゅっと凝縮させている塩・にがりを、ぬるめのお風呂に入れて、ゆっくりと入ってみてください。熱中症だけでなく、いろいろな病気の予防になるに違いありません。

梅干しを1日1個、唾液がもたらす様々な健康効果

熱中症の予防に、朝、梅干しを1個、必ず食べるのも良い方法だと思います。
梅干しは熱中症だけでなく、他の効用も望める有り難い食品です。
一番、効果絶大なのは、口臭予防ではないでしょうか。
親の口臭、正直、ちょっと気になる事ありませんか？
親子といえども、なかなか言いづらくて、気がつかないふりをしてしまいがちです。

けれど、娘よりも他人の方が、さらに言いづらいものです。口臭のせいで、お友達からちょっと距離を置かれてしまうのは、残念ですよね。そこは、娘の出番。傷つけないような言い方を考えて、改善方法を提案してあげましょう。

口臭の原因である歯周病は、口内だけですまない怖い病気です。大変な病原菌も内在しているので、それによってリウマチなどに罹ってしまう事もあるのです。口臭を改善する事が、大病の予防にもなります。

親御さんの口臭が気になったら、まず、歯磨きの質を確認します。歯磨きが本当に必要な箇所は、「歯と歯茎の間（いわゆる歯周ポケット）」「歯間」などの細かい部分です。毛先の細い歯ブラシや、歯間ブラシなどを用いて、歯垢が残らないよう、丁寧に磨く必要があります。入れ歯の場合は尚更です。

ただ、日本人の長年の傾向として、そういった歯磨きは指導されていないので、歯磨きを丁寧にしない人が多いのです。結果として歯垢が歯石になり、歯周病を引き起こします。そのために、口の中が雑菌だらけになっているのです。近所の良い歯科医をかかりつけにして、定期的に歯石を取るなどのオーラルケアをすると改善が期待できます。

歯だけでなく、舌にも雑菌はこびり付いています。舌が白っぽくなっていたら、危険信号。舌用ブラシなども販売していますが、スクレーパーと呼ばれる、U字形の道具がおすすめです。特に銅製のタイプだと、舌の上の苔をしっかりとこそげ取ってくれる感じがします。ピンク色のきれいな舌が蘇ると、いかにも健康そうな感じがして気持ちいいものですよ。

歯周病が気になるからといって、殺菌効果の高い消毒液のようなうがい薬を使用するのはおすすめできません。

強力に殺菌を繰り返すと、良い菌まで死んでしまい、復活力の強い悪い菌だけが残ってしまいます。そこで、私は梅干しをおすすめするのです。

梅干しは、摘みたての梅を、酵素が生きた状態で塩漬けして作られます。この時、酵素は死んでしまうわけではなく、眠った状態になるそうです。口に入って唾液と出会い、化学反応が起こると酵素が活性化して活躍を始めます。タンパク質を分解したり、悪い菌を餌にして有用菌に変えたりしながら体内に吸収されていきます。梅干しには殺菌作用があると言われるのは、こういった効果です。

実は、唾液こそ、殺菌威力を持つスーパー洗浄液なのをご存じでしょうか。赤ちゃんも、よだれの多い子ほど健康だと言われています。唾液がたくさん出ていれば、歯周病もそれほど心配ないかもしれません。しかしながら、加齢に伴い、唾液の分泌は減ってしまいがちです。梅干しの力に助けてもらい、唾液がたくさん出せれば、相乗効果で体を元気にしてくれます。

ここで1つ付け加えるなら、唾液の分泌が減ってしまうのは、ミネラル不足なのです。

試しに温泉にしっかり入ってみると、唾液がたくさん出て、歯磨きしなくても口の中、歯の表面がツルツルとするのを感じられると思います。

前項のように、皮膚からのミネラル摂取も併用すると、より効果が高いでしょう。

もちろん、梅干しは、化学調味料で味付けしたものではなく、良い塩で漬けてきちんと天日干しした良品が望ましいです。

梅干しを口に入れると、じわーっと、唾液が出てきますね。ゆっくりと酸っぱさを味わって食べたら、そのまま種を30分くらい口の中で転がして楽しんでください。その種はまだ生きています。土に埋めれば、そこから芽を出して大きな木になれるパワーを持っているのです。

そのパワーをじっくりと口から頂いて、自分のエネルギーにします。きっと生きる意欲が湧いてくるのを感じられるでしょう。

ケガや病気をしたら介護支援の認定取得を忘れずに

75歳を迎えると、健康保険が後期高齢者医療制度に変わり、保険料が上がりますね。その保険料は、生活が困難な方が介護を受けたり、掃除をしてもらうなど、様々な費用に充てられますが、皮肉な事に、健康な方はその恩恵を受けられません。

介護認定には、お医者さんからのお墨付きが必要だからです。何かしら持病を抱えて病院に通っていたり、足が痛くて整形医院に通っていないと、書類の申請ができないのです。申請しても、健康な状態だと認定されない事もあります。元気に生活をされている方には、あまり縁がないシステムと言えます。

介護の認定は、重度の介護が必要な介護認定と、軽度の場合は介護支援があり、また、その中でもそれぞれランクがあります。そして、認定を取得すると、便利な事がたくさんあるのです。

◉部屋のお掃除や買い物をしてもらえる

元気であっても、住み慣れた部屋の掃除は面倒くさいものです。もちろんあくまでも、「掃除が困難な状態」という前提でお願いするのですが、週1回、掃除や買い物をしてもらえるだけでなく、ヘルパーさんとの会話ができるので、出かけなくても孤立しません。

◉家のバリアフリー工事の補助金がもらえる

家の中に手すりをつけたり、段差をなくすなど、バリアフリー対策の工事を安価で施工できます。

家の中は、ちょっとした油断で転んでもおかしくないくらい、実は危険がいっぱいです。骨折してしまうと、本当に大変です。治るまでの不便さ、リハビリの辛さ。気持ちがくじけてしまい、一気に老けてしまっても無理はありません。危険のタネは少ない方が良いのです。

◉送迎付きでデイサービスに行ける

週に1回か2回、家の前まで迎えにきてくれてデイサービスを受けられます。真夏の暑い日でも寒くて縮こまりそうな日でも、送迎車が来てくれるので本当に有り難いもの。

デイサービスといってもいろいろあります。ご自分の地域にはどんな施設があるか、エリアのケアマネージャーさんに聞くとよくわかります。

折り紙などをして過ごす施設や、ヨガを専門にした施設など、昨今はいろいろとあるようですが、おすすめは、運動療法を主体とした、マシーンなども導入している施設。スポーツクラブより緩やかなマシーンを使う、「高齢者向けのスポーツクラブ」と言ったらわかりやすいでしょうか。

エアロビクスの代わりに、棒やヒモを使った体操をしたり、気功をしたりと、経験豊富なトレーナーさんがサポートしてくれます。定期的に体力テストもしてくれるので、張り合いもあるようです。

自分で筋力トレーニングをしようと思う元気な方でも、1人で努力するのは、なかなか続かないものです。ですが、こういった施設では、通っているうちに足腰の筋力が強くなり、元気になっていきます。体力もついてくるので、日頃の生活の行動範囲も広くなり、毎日が楽しいと思えるのではないでしょうか。

こういった施設は多くの自治体で増えているようです。介護認定を受けていない方でも使える施設があるようですので、調べてみる価値があると思います。

このように、介護認定には良い事がいっぱいあります。

本来、こういったサービスを受けてしかるべき人であるのに、健康とみなされて、サービスが受けられなかったら勿体ありません。

もし、親御さんが病院にかかるような事があったら、ものはためし、介護認定の申請をしてみると良いでしょう。地域のケアマネージャーさんは、心強い味方です。まだ必要ないと思ううちから、一度相談してみる事をおすすめします。

仏壇のおりんをフンパツする

ご実家に仏壇はありますか？　あなたが、子どもの頃から仏壇が備わっていたとすると、中の仏具セットは、いつ頃買い替えましたか？

線香差しや、おりん、花器などの仏具は、そんなに壊れやすいものではありませんから、買い替えるタイミングはなかなかないものです。気がつけば、何十年も同じものを使っている、なんて事もあるのではないでしょうか。

そんな時は大した大義名分がなくても、おりんだけでも、最新のものに買い替える事をおすすめします。

なぜなら、最近のおりんはびっくりするほど進化しているのです。デザインもシュールで、美術館の展示かと思うほど芸術的。見ているだけで幸せな気分になります。

そもそも、おりんは、なんのためにあるのでしょうか。

お寺のお坊さんが奏でるおりんは、もっと大きくて遠くまで響きますね。お経の間に木魚やドラなど、いろいろな道具を使って音を響かせます。音は、亡くなった方の魂を癒すためだけでなく、生きている人の魂も癒す事ができるからです。

大切な人を失った悲しみを癒すために音が使われるのです。

大晦日の除夜の鐘を、テレビなどで聞く機会があると思います。どんな印象をお持ちですか？　この鐘には百八つの煩悩を消す効果があると言われていて、実際そのように感じる方もいるかと思います。

ですが私には、悲しみを消してくれる癒しの音のように感じられるのです。

1回ずつ、ゆっくり叩かれる鐘の響き、余韻を味わう時、なんとなく1年間の思いが込み上げてきませんか？

あんな事、こんな事、いろいろあったな、辛い事も多かったな、大変だったな。などと思い出しながら、思わず涙ぐむ感じさえあります。それが癒しです。

生きていれば、知らず知らずに心についてしまった悲しみのカスがあります。我慢のカスもあります。音は、そのカスを少しずつ振り払ってくれるのです。太古の昔から、どこの国でも教会や寺院に鐘があるのは、癒しのための知恵なのです。

今、音による様々な効果が研究されています。ヨーロッパなどでは、国家レベルで大掛かりな実験をしている国もあります。周波数（音の高さ）によって、どのような効果の違いがあるかを研究しているそうです。また、アメリカやロシアなどでは、何十年も前から、音による治療が用いられている病院もあります。

音は、古くて新しい、神秘のパワーなのです。

そして、おりんです。仏具屋さんに行くと、何種類かの周波数が違うおりんが販売されています。

実際に親御さんと一緒に販売店に行って、聞いてみると良いでしょう。周波数によって異なる、沸き起こる感情の違いを比べてみてください。

友達との気持ちの行き違いなどで、切ない経験をしていれば、その悲しみに合った周波数があるでしょう。自分自身が、若い頃とのギャップで情けない思いをしていれば、その悲しみに合った周波数があるでしょう。

頭で考えないで、おりんを鳴らしてみて、どの音が一番しっくりと、心に染みわたるか感じながら、選んでもらうと良いでしょう。この音、気持ちがいいな、と感じられるおりんを選んで買われると良いと思います。多少値の張るものでも、おりんであれば1、2万円程度。親御さんの心が安らかになるのであれば安いものでしょう。

そして、家でおりんを鳴らす時は、大きな音でなくて良いから、静かに鳴らしてもらってください。音の余韻を最後まで味わい、音が消えてもずっと耳を澄ませて聞いてもらってください。

きっと、悲しみや我慢のカスが払われ、少しずつ幸せになっていくでしょう。その変化を感じられるのは、ご本人より、客観的に見ているあなたかもしれません。

1人カラオケはなぜ人を健康にするのか

音による癒しの話をしましたが、実は、自分の『声』が一番の癒しである事をご存じでしょうか。

怪我をした瞬間など、痛い思いをした時、とっさに悲鳴のような声が出た経験があるかと思います。また、怖い思いをしたり、びっくりした時なども思わず声が出ますね。

それは、瞬時に自分の声で自分を癒す、自衛の本能なのです。

小さい子どもが、辛い体験をした時、本能的に大きな声を出して自分を癒します。静かにしなさいなどと言って黙らせては、可哀そうなのです。

また、難病に罹ってしまった歌手が、「自分は死ぬまで歌い続ける！」と覚悟を決めて、毎日歌を歌っていたら、病気が治ってしまった。なんて事もあったそうです。

ある学者さん曰く、お酒を飲むといびきをかくのは、自分の声でアルコールを分解し、肝臓を癒す手助けをしているからだとか。どうやら、声と幸せには深い関係があるようです。

高齢になると、昼間、会話などで声を出す機会が少なくなります。

ご夫婦で、よほど会話が弾む方なら幸せですが、そうでないご夫婦が多い気がします。まして、1人暮らしの方だと、一度も声を出さなかったなどという日もあると聞きました。それではストレスがたまるばかりです。

ぜひ、積極的に声を出す習慣をすすめてあげてください。

詩の朗読などもとても良いです。簡単に読めて、親が好きそうな本をプレゼントしてみるのはどうでしょう。図書館の子ども向けコーナーには、素敵な詩集がたくさんあります。参考にしてみてください。

仏壇を拝む習慣のある方は般若心経も良いですね。神棚があるお宅なら、祝詞を読み上げるのもとても良いです。読むのが大変なら、今はＣＤ本なども売っているので、合わせて一緒に声を出すうちに、自然と覚えられるかもしれません。脳も活性化して、一石二鳥だと思いませんか?

もちろん、歌が好きな方なら、歌の方が良い場合もあります。いろいろな周波数で発声することができるので、癒しの効果が高いです。１人カラオケが趣味の方に健康な方が多いのは、そのためでしょうか。

カラオケでなくても、テレビの歌番組で一緒に歌うだけでも、もちろん効果ありです。

祝詞同様、ＣＤがあればいつでも歌えますね。

親御さんが若い頃に流行った歌を、知っていますか？

誰にでも、この歌を聴くと青春の輝きとほろ苦さを思い出す、といった曲があると思います。

ぜひ、その曲のＣＤをプレゼントしてあげてください。

何日かＣＤに合わせて歌ってもらった後、親御さんに会ったら、きっとあなたは驚くのではないでしょうか。多分、若返ってキラキラと輝きを放っているはずです。

毎週何曜、何時。電話でのおしゃべりタイムを習慣に

声を出すのは癒しです。もちろん、人とのおしゃべりもじゅうぶん、その効果はあります。

できれば毎日、忙しくてそれが無理なら、なるべく小まめに親御さんに電話してあげて、おしゃべりタイムを作ってあげましょう。

人と話すためには、脳も使いますから、発声以上に良い事ばかりです。また、日常のなんの変哲もないような他愛もない出来事を、口に出すと出さないとでは大違いです。

たとえば、足にちょっとした湿疹ができたとします。それを人に言えずに気にしていると、1日中気になってしまい、悪い妄想が膨らんでいきます。もしかしたら悪い病気ではないかと不安にかられて、心臓がドキドキしてきます。1人で考えていると、未来予想図は、悪い方、悪い方へと進んでいってしまいます。

それを、あなたが一本電話をしてあげるだけで、大きく事態は変わるのです。

お母様「なんかね、足にポツポツって湿疹ができて、なんだか痒いのよ」
あなた「それ、皮膚の乾燥じゃない？　最近空気が乾燥してるからよ。気にしないで大丈夫よ。お風呂あがりにクリームでも塗っておけば治っちゃうから」

　このようにあなたに『大丈夫』と言ってもらうだけで、不安は一遍に消えるのです。

　きっとお母様は、あなたに言われた通り、クリームを塗るでしょう。そうすれば、もう湿疹の事は忘れて過ごす事ができます。悪い妄想も、考えたくない未来も、頭には浮かばないですむのです。

「えー、私の親は、そんな心配性の可愛らしい年寄りではないけど」と思うかもしれません。

　けれども、大抵の方は、年齢を増すごとに、不安や恐れの感情が多く湧き上がってくると感じています。

よく、年をとると子どもに返ると表現されますよね。それは、急に子どもになるわけではありません。まだ、元気でしっかりしているから、放っておいても大丈夫、と油断している頃から、少しずつ始まるような気がします。

なんというか、体に入っている魂が、少しずつ子どもに戻っていくような。それも、いつからというのではなく、時々、子どもの頃の魂がひょこっと入り込んでは出ていくような。大人の魂と子どもの魂が混在している、そんな感じです。

想像してみてください。中学生や小学生くらいの子どもが、たった1人で暮らしているとしたら。

（ご夫婦が健在でも、お2人とも子どもという前提です）

多分、いろいろ心配で、あれこれと助言したくなりませんか。手助けもしてあげたくなりますよね。本当の中学生や小学生なら、掃除や洗濯、食事作りなどもしてあげる必要があります。けれど、親は大人ですから、その必要はありません。必要なのは、不安な時に心を励ます存在です。

「どうしようかな？　大丈夫かな？　もう、年だからできないかな？」と不安に思っている心を「大丈夫！　心配いらないのよ！　できるできる！　できなくても大丈夫だし」と励まして応援さえすれば良いのです。

両親が健在だから、あまり実家にも行かずに放っておいたら、2人とも認知症になって、生活が困難になってしまった。あわてて施設を探して大変だったという話を聞く事があります。

不安な心の励ましさえしていれば、そうはならないはずです。

不安な未来予想図を頭の中に描くと、その通りになってしまうのです。
どうか、小まめな電話かけで、親御さんの不安を拭い去ってあげてください。

◉他の兄弟姉妹や嫁の悪口は5割と思って

そして、電話をする中で、1つ気をつけたいポイントが「悪口」についてです。
嫁姑問題は、永遠のテーマですね。嫁だけでなく、息子・娘とでも、相性の良し悪しはあると思います。付き合いの中で、不愉快なやりとりがあっても、我慢している事も多いのではないでしょうか。もしあなたが、その我慢のはけ口となって、愚痴を聞かされている立場だとした場合の対処法です。

まずは聞いてあげる事です。愚痴や悪口を聞くのが楽しい人はいません。けれど、仕方ありません。どこかに吐き出さないと、心の健康が保てないのですから。そこは、娘の我慢のしどころ。

ただし、ネガティブな感情をあまり引き受けないようにするのも大事です。自分にストレスがたまってしまうと、ただ、不満のエネルギーをぐるぐる回す事になってしまいますから。

がっぷりと正面から向き合って聞かずに、でも相づちは打つ。これがコツです。

上手に聞き流しながら、「そんな事言われたの？　それは辛かったね」とか「よく我慢したね」などの相づちや、感嘆の言葉は言ってあげましょう。

「それ、この前と同じ事言ってる」「それくらい誰でも我慢してるよ、普通だよ」「お母さんにも悪いところがあったんじゃないの?」などの言葉はNGです。否定されればされるほど、さらに不満は募り、愚痴が止まりません。受け入れてもらわないと、不満の塊は小さくならないのです。

理にかなってないと思っても、まずは受け入れる事が大事です。そして、早く、愚痴のシャワーから解放されるためには「共感してくれているな」と感じられる言葉掛けが有効です。

さらに言えば、「お母さん、さすがねー! そんな大人の対応したの? なかなかできない事よ。お母さんだからできたのよね。やっぱり私のお母さんは世界一だわ」とほめてしまうのが、とっておきの秘策です。

自分が満たされていないから、不満の思いが湧くのです。ほめられて満たされたら、今まで我慢できなかったような事が、なんでもない、気にならない小さな事に感じられるようになるでしょう。
「あら、もしかしたら、そもそも自分が理不尽な要求をしていたのかも」と、気づいてくれる事があるかもしれません。この秘策は特に効果が高いと思います。ぜひ試してみてください。

そして、もう一つ、大事な事は、

◉余計な介入をしない事。

同居の嫁の悪口を聞かされた場合、もし、あなたが親孝行な娘さんだと「私のお母さんに、なんてひどい仕打ちをするのかしら！　改善してもらわなきゃ」と考えるかもしれません。でも、それを直接お嫁さんに要求するのは、いかがなものかと思うのです。

人に同情してほしい時、人間は、自分の「非」の部分は積極的には話さないものです。なるべく隠しておきたいのが人情でしょう。嘘をついているわけではなく、自分に都合の悪い事は、触れたくないという本能が、誰にでもあります。お嫁さんに都合の悪い事実だけをピックアップして語っていると考えるのが妥当です。

なので、お母さんから得た情報だけを突きつけて、改善を要求すると、ややこしい事になりかねません。

永い期間、一緒に住んでいれば、家族1人1人が少しずつ負担し、絶妙に作り上げているバランスが出来上がっています。どの家庭もそうではないでしょうか。様々な出来事や思いを体験し、模索しながら探し求めた、メンバーそれぞれの居場所です。

せっかくバランスをとっているのに、たとえ、娘といえども、そこに押し入って、その基盤を揺るがすのは、迷惑な行為です。せっかく家族で作り上げた積み木の作品を壊してしまうようなもの。もう一度、家族関係を作り直そうとする時、あなたに出番はないのですから。

お母さんも、おそらく、環境を変えてほしいとまでは期待していないと思います。

ただ、溜まってしまった感情を少し吐き出して、また元の場所に戻るエネルギーを取り戻したいのだと思うのです。

会社でいえば、上司の悪口を同僚と愚痴りあえば、すっきりするのと同様の事かと思います。同じ角度から見て感じる不満を共感しあえるって大事です。なんだか、気持ちが大らかになって、それ以降は、自分の感じ方が変化する事がありますよね。

家族内のトラブルは、同じ角度から現象を見る仲間がいないのが辛いところです。自分の不満を共有できる仲間が欲しいのです。

ぜひ、自分は、ネガティブ感情のお掃除係と割り切り、親御さんにすっきりと吐き出させて、ぽいっと空にでも放り投げてしまいましょう。そしてそのあとはその事を忘れて、親御さんとご一緒に楽しく映画でも観に行かれるのが良いと思います。

病院でもらっている薬の成分こそ、娘の大事なチェックポイント

高齢になれば、定期的に病院に通っている方も多いかと思います。自分の親が、どんな不具合で病院に通っているか、ご存知ですか？　そして、どんな薬を処方されて飲んでいるか、把握しているでしょうか？　お医者さんが出した薬だからと安心していると、とんでもない事態になりかねません。

薬は効果も高いですが、その分、副作用にも注意が必要です。インフルエンザに処方されたタミフルと、異常行動の関係性は社会的にも問題になりました。しかし副作用が怖いのはタミフルだけではないのです。

薬局で渡されるお薬手帳に明記されている薬を、ネットなどで全て調べてみて副作用をしっかりと書き出してみてください。多分、怖くて飲むのがためらわれるくらい、多くの副作用が列記してあります。

たとえば、薬を飲む際に胃を痛めないよう併用して処方される胃薬があります。一例として副作用を調べてみました。

《主な副作用》

便秘、白血球減少、ＡＬＰ上昇、痙攣、徐脈、頻脈、房室ブロック、肝機能異常、可逆性の錯乱状態、うつ状態、眩暈

《重大な副作用》

呼吸困難、再生不良性貧血、無顆粒球症、溶血性貧血、全身倦怠感、脱力、

皮下出血、粘膜下出血、発熱、皮膚粘膜眼症候群、全身痙攣、高カリウム血症、ミオグロビン尿、急性腎不全、血管浮腫、クレアチニン上昇、蕁麻疹、胸部X線異常、ショック、アナフィラキシー（他諸々）

《上記以外の副作用》

乳汁漏出症、CK上昇、CPK上昇、味覚異常、背部痛、過敏症、発疹、紅斑、好酸球増多、下痢、軟便、口渇、嘔吐、腹部膨満感、口内炎、血圧上昇、眠気、不眠（他）

これで全てではないのです。およそ半分くらいです。見てしまうと、服用するのが怖くなるような気がしますが、実際にはいとも簡単に処方されており、多くの方が長期間にわたって服用しているのが現状です。

そして服用の結果、「可逆性の錯乱状態」「うつ状態」の副作用が出て、認知症のような症状になった事例があります。すぐに服用をやめれば、大抵治るようです。ですが困った事に、それが薬の副作用とはわからず、お医者さんが認知症と判断してしまうと、今度は認知症の薬を処方されて、本当の認知症に向かってしまうのです。

お医者さんといえども、万能ではありません。そしてあなたほどはあなたの親の事を理解していません。本来、認知症は時間をかけて進行するので、急に症状が出た時は認知症ではなく「せん妄」といって、薬の副作用による仮性認知症なのですが、その判断は医師には難しいのです。

医師の言葉を鵜呑みにせず、自分でしっかり判断して、「認知症の薬はまだ必要ありません」と言える勇気が必要です。

他にもあります。

睡眠薬の多くは、セロトニンの分泌を減少させる副作用があります。セロトニンは、別名『幸せホルモン』と呼ばれる通り、自己肯定感を高めて幸福感を味わう事ができるホルモンです。その分泌が減ってしまうので、少しずつ不幸せになってしまう恐れがあります。自分はダメだと思い込んでしまうのです。

実は私の母の実体験があるので、薬の副作用の事は、どうしてもお伝えしたいのです。


母は、1人暮らしも長く、趣味やスポーツクラブ通いに忙しく、充実したシニアライフを送っていました。ところが80歳の時リウマチで入院したのをきっかけに、少しずつ外出の機会が減ってしまったのです。それが失敗の始まりでした。それから少しずつ、誰にも会わず会話もしないような日が増えていきました。

家にいるのはつまらないし、消費カロリーも少ないわけですから、夜眠れない事があり、通っている内科で相談したところ、睡眠導入剤を処方されました。その事を私は知らなかったのです。

毎日飲んではいないにせよ、それから2年間ほど、その薬が常備薬のような状態だったようです。思い返してみると、その間、徐々に母は変わっていったのですが、急激な変化でないため、あまり気に留めていませんでした。なんだか最近、後ろ向きな発言が増えたな、と感じるくらいでした。外出に誘っても、何かとマイナス面にばかり焦点をあてて、外出を避けるのです。

ネガティブ思考が優位になると、夜、暗い未来しか想像できず、ますます眠れなくなり、さらに薬に頼るようになったと思われます。

副作用でセロトニンがますます分泌できなくなった母は、不幸せ感からか、ついに食事が喉を通らなくなりました。体重が8キロ減ってしまった時、私に助けを求めてきましたが、すぐに集中力や忍耐力が低下し始め、パニックのような症状もありました。このまま、餓死したらどうしよう！　という不安に襲われていました。

とにかく食べられずに体力も気力も落ちているので、栄養補給の点滴を打ってもらおうと考えた私は、母を病院へ連れて行きました。その時、担当でない若い医師から発せられた言葉が衝撃的で、忘れられません。今でも耳に残っています。

『あなたのお母さんは、もう認知症で1人暮らしが困難なのだから、施設を探して入居させなさい。1日でも早い方が良いですよ』

「いえ、母は認知症ではありません」そう言いたいはずの私でしたが、なぜだか口に出す事ができませんでした。それどころか、え？ これが認知症なの？ と信じてしまいそうでした。お医者さんの発言は、とても影響力があるように思います。

もし私があの時、医師の言う通りにすぐに施設を探して入居させていたら……。

多分、母は今頃本当に認知症になって、寂しく施設で、私の訪問を待つ日々だったでしょう。

ところが、現実は違います。母は元気で、もちろん認知症でもうつ病でもなく、趣味をいろいろ楽しみながら、元気で幸せに過ごしています。

私の判断と行動が、母の運命を大きく変えた事は間違いありません。

反省すべきは、そこまで薬に頼ってしまう母の心情を全く鑑みなかった私でした。

風邪や生活習慣病・不眠などは、自分自身の治癒力や生活習慣を変える事で治るはずです。薬は、根本的治癒のためではなく、辛い症状を軽減してくれる一時的なもの。薬で症状を抑えながら、根本的に体調を良好にする工夫が必要な事、薬は長期間服用するべきではない事を、母には理解してもらいました。

薬を見直す事で、生活を見直し、努力によって自ずと健康的になれたのだと思います。

親子でぜひ、薬チェック、暮らしチェックをする事をおすすめします。

お薬

新しい健康法をあれこれ試すより、良い鍼灸院が「ラク」

「これを食べると健康になる」とか「名医が教える新しい習慣」といった類いのテレビ番組は昼も夜も、年がら年中放送しています。
健康を気にする人が多いのだな、と思う反面、きちんとした健康法を確立できていない人が多いから、そういった番組が流行るのかもしれないとも思います。

たしかに、私たちは学校で健康学を学んでいませんね。『おばあちゃんの知恵袋』的な、昔から伝わる健康法もほとんど受け継がれていません。戦争、高度成長などで、生活様式が激変してしまったのですから、仕方ないのですが残念な事です。

頼りにしているお医者さんも、医学部で学ぶのは病気の事だけだそうで、実は健康についてはほとんどの方が学んでいないそうです。だから、まだ病気ではない未病の段階では、テレビの情報に頼るのは無理のない事です。

たとえば、アマニ油やエゴマ油を食べると健康になる、などと、テレビで放送したとします。実際に一定の期間、食生活を変えたモニターさんが登場し、ビフォーとアフターで血液検査の数値が格段に良くなり、感激したとコメントを述べます。見ている方もびっくりです。次の日には、どのスーパーでもアマニ油やエゴマ油が売り切れて……といった現象がよく起こりますね。

それはそれで、良いと思うのです。健康になれた方もいるでしょう。ただ、どんな健康法も万人に通じるわけではないのに、と、懸念してしまうのです。

たとえば、肉食よりお魚が好きで、間食がやめられない方の場合。この方は、血液ドロドロで体調がすぐれないのではありません。なので、油を変えてもあまり体調に変化はないです。むしろ、油の摂取量が増えて、体の負担が増す可能性もあります。

この方に必要な工夫は、胃酸の上手な出し方です。

胃酸は、強烈な酸性です。人間の体の血液は弱酸性のPH7・5くらいが健康だと言われています。ところが、食物を消化するために、体は、PH1の胃液を分泌するのです。驚きますね。強烈な酸性に耐えるために、同時にアルカリの液で胃の粘膜を保護します。唾液などがそうです。

ところが、咀嚼が足りないと、アルカリ液が足りずに、胃の内膜は酸にさらされてしまいます。よく噛んで食べるのが大事なのはそのためです。

さらに食事をしてから2時間後くらいの間食は、さらに胃を過酷な状況にさらします。食後しばらくは、胃酸は分泌されますが、アルカリ液は分泌できないからです。

なので、食事の間隔はしっかりあける。間食は胃酸の分泌を抑えるため、スムージーやゼリーのような液状のものを食べるなど、工夫が必要になってきます。

1人1人、体の状態や生活習慣は違います。そこでおすすめするのが身近な鍼灸院です。

鍼灸師さんは、しっかりした東洋医学に基づいた、季節に合った過ごし方の知識に長けている人が多いのです。ほんのちょっとした工夫で、健康を維持する事は可能です。「こんな天候が続いたら、○○に気をつけてね」とか、「そんなに忙しい日が続いたなら、○○を食べたら良いですよ」など、体の状態を見ながらアドバイスをし、健康増進の施術もしてくれるのが鍼灸師さんです。

健康保険は使えませんが、決して高いとは思いません。

私の母の地域では助成金が出るので、月に一度通ってもらっています。「最期は病院にかかって死ぬだろうから、貯金しなければ……」と言い、貯金をがんばっていた母ですが、それをやめてもらいました。

病気になる事を恐れながら貯金するのではなく、病気にならない工夫にお金をかけて、楽しく過ごそうと、提案しています。

鍼灸院以外にも、健康増進の施術所がいろいろあると思います。カイロプラクティックや、スウェディッシュマッサージ、リンパドレナージュなど。エステティックサロンなのに、骨盤が整ったり、血液改善の技術を提供するサロンもあります。医療ではありませんが、健康に関する事は驚くほど勉強されているセラピストさんがたくさんいます。

ぜひ、お気に入りの施術所を探して定期的に癒される事をおすすめします。

夜寝る前の「ほめ日記」でぐっすり眠る習慣を

高齢者だけでなく、最近は若い人でも、夜眠れない方が増えているようです。この項は親御さんだけでなく、これを読んでいるあなたにもぜひご提案したい事です。

眠りは、日々の生活を天国と地獄に分けるほど、大切な時間です。睡眠薬で得た眠りは、本当の睡眠ではない事を認識する必要があると思います。

では、どうしたらすんなりと眠る事ができるのでしょう。

たとえば、音楽も有効です。

「自律神経を整える」「1／fゆらぎ」などをテーマにした癒し系のCDがたくさん販売されています。

静かなピアノの演奏曲とか、海の波や虫の鳴き声などの自然音CDも素敵ですね。副交感神経が優位になって、すぐに眠くなってしまいます。

香りも副交感神経を優位にする効果があります。

オーガニックラベンダーの精油を枕元に数滴たらすと、即、脳波が変わる感じがします。天然のものは、時間と共に香りが飛ぶので、後に残らないのも良いですね。

寝る1時間前の入浴も、スムースに睡眠に入るのに有効と言われています。生活スタイルを見直してみても良いかもしれません。

それでも眠れない場合は、開き直ってラジオを聞いてしまうのも手です。今、眠れない高齢者の方は多いらしく、深夜に聞くラジオ放送があるそうです。いっそ、夜中の時間を楽しんでしまって、明日の昼間、眠くなったら昼寝すればいい、と気楽に考えてもらいましょう。

「眠らなきゃいけない」「早起きしなきゃいけない」という固定観念に縛られているから焦って余計に眠れないのかもしれません。

夜、眠れなくても、睡眠は必ずどこかでとっています。眠れないのが悪いのではなく、眠らなきゃいけない！　と焦ってしまうのが良くないのです。

そして、とっておきのおすすめが、寝る前の「ほめ日記」です。

ノートを1冊、「ほめ日記」専用に用意してもらいます。

毎日、1つから3つくらい。なんでも良いので、「自分をほめる」文を書いてもらいます。

日本人はほめあう習慣がないし、ほめられても謙遜してしまって、なかなか、素直に自分の素晴らしさを認める機会がありません。そのせいで、日本人の幸せ度数が低いのではないかと言われています。今からでも遅くないので、誰かにほめられるのを待つのではなく、自分で自分をほめましょう。これが、幸せになる秘策です。

◉今日の出来事の中から
◉身体的な要素から
◉過去の出来事から

など、どんな些細な事でも良いので、取り上げてほめていきます。

たとえば

「今日の朝は目が腫れてなくて、いい顔だった。可愛いね！　私」

「買い物でお釣りを間違われたけど、すぐ気づいて指摘できた。頭いいね！　若い！」

「今日はなんの用事もなかったけど、たまたま観た映画で感動できた私って、ピュア！」

「子どもが小さい時、毎日たくさんお弁当作ってた私って、えらい！　優秀だった！」

「気の進まない旅行を、上手に断れた私って、コミュニケーション能力高い！　やるね！」

「今日のお味噌汁はとってても上手に作れた。私、素晴らしい！」

「私の爪って、なんて形がいいんでしょう！　爪さん、素敵！　ありがとう！」
などなど。

わからなければ、ほめ日記の本なども出版されているので参考にされると良いでしょう。
この日記、もちろん、昼間書いても良いし、書かずに口に出しても良いのですが。なんといっても、「寝る前に」「書く」のが、絶対的に効果的です。なぜでしょう？

受験などで記憶する必要がある時、昼間勉強した事を、寝る前にもう一度復習すると、しっかり記憶ができる。そんな経験はありませんか？　私は実体験で、そう感じていました。少し眠くなった時、もうひと頑張りして、昼間の復習をすると、驚くほど頭の中に残ってるんです。

後日、何かの脳科学の本で、寝る前の記憶は、より潜在意識に入りやすいと書いてあり、納得したのでした。

だから、寝る前に、何をイメージするかはとても大事です。

人は眠れない時に、大抵良からぬ妄想をしてしまうもの。それが潜在意識に植え付けられていたら、次の日は朝から暗い気分になってしまいますよね。

寝る前に、「素敵な自分」「ほめてもらえる自分」を思い出しておけば、たとえ眠れなかったとしても、楽しい妄想ができます。それは、むしろ素敵な時間です。

素敵な自分を思い出し、さらに素敵な未来の自分を妄想してもらいましょう。次の日の朝は、幸せな気分でスタートできるでしょう。

憶えてなくても良いのです。潜在意識に入っていますから。

ほめ日記は、明日のための「心の栄養剤」です。親御さんが眠れないと悩んでいたら、ぜひ日記帳をプレゼントしてあげてください。

母の日のプレゼントに、あえて鉢植えの花を送る

母の日のプレゼントはカーネーションが定番ですね。花以外の品物をプレゼントされる方もいるかと思いますが、私は鉢植えのカーネーションと決めています。

なぜなら、花との交流が大事な時間だと思うからです。切り花だと、枯れてしまえばおしまいですが、鉢植えだと、花が終わってもあれこれ手をかけてあげれば、翌年も楽しめるので、敢えて鉢植えにしています。

便利な生活に慣れてしまい、ついつい無機質な建物の中で、土にも触れずに暮らした方が快適と感じてしまいがちです。

ですが、地球に生きる1つの生命体として、人間以外の生命体との交流が、本当は大事です。自分のエネルギーを高める効果があります。

ペットがブームになっているのが、その証明かもしれません。猫や犬の愛らしさに癒されて、自分も元気をもらっている方も多いですよね。生きているものからしかもらえないエネルギーがあります。孫の面倒を見始めたら若返ってしまったというのも、同じです。

花は、癒しのためだけに存在するといっても過言ではないくらい、人を元気にさせてくれます。話しかけながら育てると上手に育つという話を聞いた事があるのではないでしょうか。

家庭菜園や、裸足で地面を歩くアーシングも健康に良いと言われていま
す。生きた土・地球から元気をもらっているわけです。
栄養は、食べ物からだけ摂取するのではないですね。

「皮膚から」「脳から」細胞へと、エネルギーの源が働きかけます。

山や森もいいですね。樹のエネルギーはパワーがあります。山の中の温泉地がたくさんある日本は、本当に素晴らしいと思います。もっと足繁く通って、のんびりと山のパワー・温泉のエネルギーを吸収しても良いのではないでしょうか。学生も社会人も、温泉休暇を義務付けしてほしいくらいです。

もっと大きく言えば、当然、太陽や月のパワーも私たちに影響を与えています。

月を見る風習がある日本は、本当に素晴らしいと思うのです。かつての青春ドラマでは、海に行って夕日に向かって叫ぶようなシーンがありました。実は生理的に、理に適った行為なのですね。

日光浴・月光浴、大いに親に楽しんでもらってください。ともに地球に生きる小さな命との交流も。

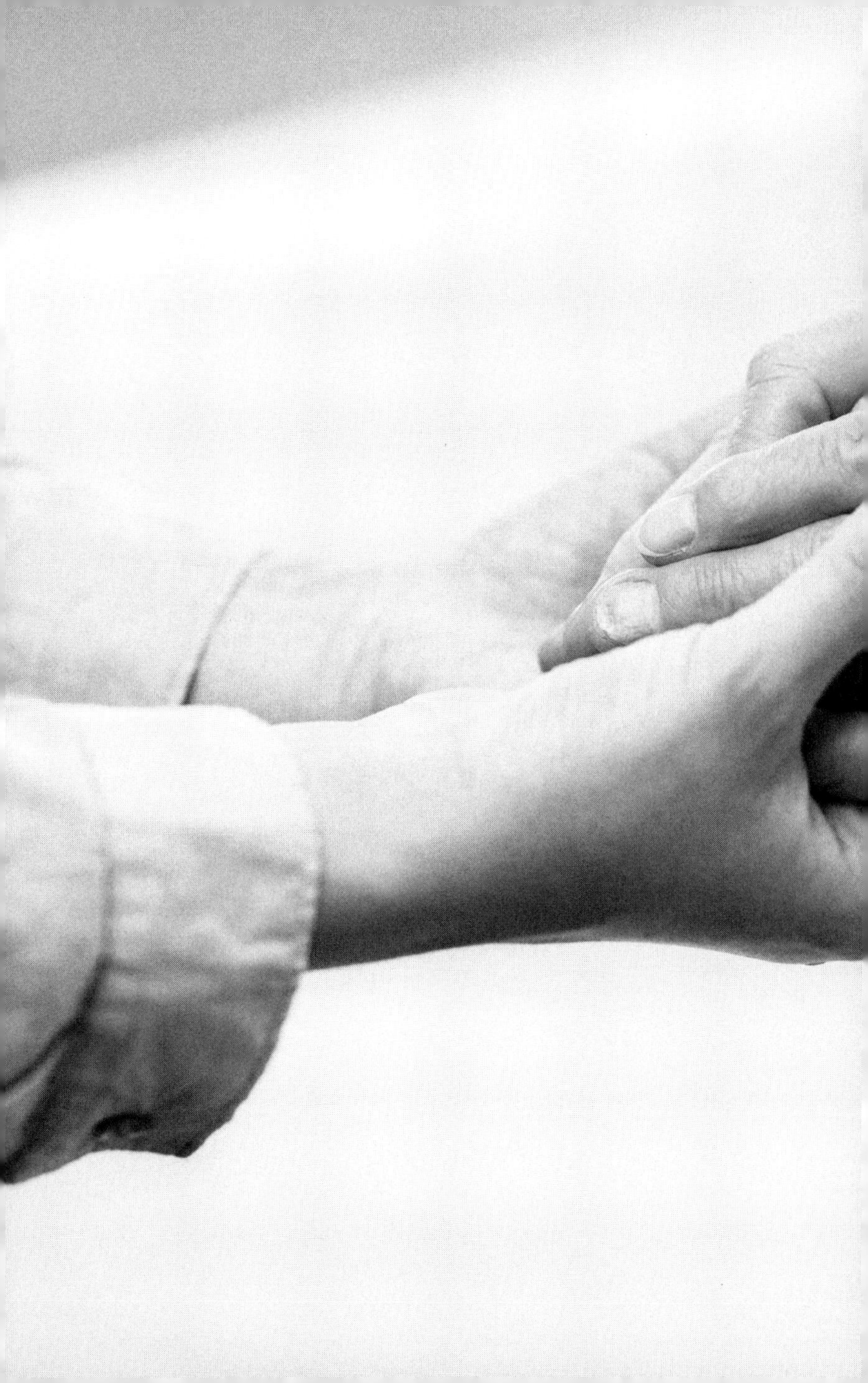

顔のチェックをしたら、足のチェックも忘れずに

体を動かす事は、できるだけ毎日してもらいましょう。ラジオ体操や気功・ヨガなどの、ゆったりした運動。あいうべ体操（「あいうべ」を1日30回ほど言う事で、口呼吸を鼻呼吸に改善する体操です）などの顔の運動。指先を使うトレーニングのような動作や、ゴキブリ体操のような、体液を動かす動作。ふくらはぎを揉んで血流を良くしたり、お腹を優しくマッサージして内臓を元気にするなど、自分で健康を促進する方法はたくさんあります。

いろいろやると、時間はかかってしまいます。が、ルーティンとして、毎

日しっかりこなしている方ほど、いくつになっても元気でいられるようです。

もちろん、本当は歩く事が基本で、1日8千歩くらい歩く事はとても良い健康法です。

ただ、ある条件を満たした方でないと、歩けば歩くほど、かえって不健康になってしまう可能性があるので、安易におすすめしません。

条件を満たした方とは
「足の先をしっかり使い、膝や腰に負担のかからない良い歩き方ができている」方です。
高齢になっても元気に山歩きやジョギングができる方は、良い歩き方ができているのだと思います。

多くの方は、歩き方と靴が悪いのです。体重がバランス悪く偏った歩き方をしていたり、歩行の際の足の動きを妨げる靴を履いていると、足が変形してきます。外反母趾・偏平足・巻き爪・X脚やO脚。そういった変形は、バランスの悪い歩き方なのに、前に進まなくてはならないため、なんとかバランスを保とうとして負荷がかかってしまった結果なのです。「その歩き方だと、身体が辛いよー！」という体からのメッセージです。

正しい歩き方をしていくと、変形はどんどん治っていきます。年齢に関係なく、自分さえその気になれば、外反母趾もO脚も治す事が可能です。「えー？　足の変形が高齢になってから治るの？」と思われるかもしれません。たしかに簡単ではありません。ふだんは無意識に歩いているため、歩き方を変えるのは簡単ではありません。長年の歩き方の癖でできてしまった変形ですから、それを治すのも容易ではありません。

だから、娘のサポートが必要なのです。

もし、あなたの親御さんが、70代で、足元が覚束なくなり、「もう年だからね……」などと、あきらめて、なんとなく、整形外科に通っているとしたら。もしくは、痛みは出てないけど、なんだか足が曲がって変な歩き方をしているな、と感じたら。

そのまま放置したら、80代では間違いなく、もっと歩けなくなり、車いすが必要になって、ご本人も、あなたも辛い生活になってしまいます。今すぐに行動しましょう。


まずは、現状を知る事です。シューフィッターさんがいる靴屋さんで、親御さんの足の測定をしてもらい、ご自分に合った靴やインソールを購入してもらうのも良いでしょう。長年かけて変形させてしまった足は、そう簡単には改善できません。今の状態でも、膝に負担のかからない歩き方のできる靴が必要です。

そして、整形外科で、レントゲンだけでなく、ＭＲＩ検査をして、ご自分の軟骨の状態を認識してもらいましょう。どこを庇って悪い歩き方になっているのか、現状を知る事は大事です。庇っていた箇所がわかったら、そこは、ソフトな膝サポーターや靴下などのアイテムでサポートします。

足指のマッサージも欠かせません。
足指は、バランス良く歩くための、大事なセンサー。指が自由に開いて、体重をスムースに移動する力がないと、正しい歩き方はできません。

一本一本、話しかけるように優しくマッサージして、感覚を取り戻すよう、励ましてあげましょう。

足指じゃんけんができるくらいになると良いですね。

足裏も柔らかくしなるよう、揉みほぐします。


足指のストレッチ「ひろのば体操」を考案した湯浅慶朗氏によれば、足先の改善は、骨盤のゆがみ、顎関節症の改善にもつながるそうです。

実際、成長途中の子どもが実践する事で、わずかな期間でX脚が治る事を実証しています。姿勢も良くなり、集中力を取り戻して、勉強も意欲的に取り組むようになるそうです。


さて、いよいよ歩き方です。

外を歩いてしまうと、進む事に気をとられ、つい今までの無意識の歩き方になってしまいがちです。なので家の中で、鏡など見ながらの足踏み練習が良いと思います。どんな事でも無意識にできるようになるためには、反復練習が必要です。

偏平足の方は少し膝を外に捻って外側体重になるように。前かがみの方は、体重を後ろ側になるように立ってからその場で足踏みします。判断が難しいようなら、外反母趾などに特化した施術院で、歩き方のアドバイスを受けると良いかもしれません。

中島武志氏が代表の一般社団法人ネイティブウォーキング協会が推奨する「ゆるかかと歩き」もおすすめです。

無意識にできるようになるまで、ひたすら足踏み！

なんですが、これ、1人でやっていると、とても張り合いがなくて、続かないのです。

だから、娘の協力は必要です。

ぜひ、励ましながら、しんどい作業を楽しくできるよう、サポートしてあげてください。

ご自分も一緒にされると良いかと思います。誰にとっても、未来の健康のため、歩き方は重要ですから。

何歳になっても、自分の足で元気に歩く！　親御さんのそんな豊かな未来のために、今、できる事を。

やりたい事があれば挑戦できる環境を作ってあげて

２０１７年に「おらおらでひとりいぐも」で芥川賞を受賞した若竹千佐子さんをご存じかと思います。55歳の時に仲の良かったお連れ合いに先立たれ、寂しさを紛らわすために小説講座に通われて受賞するまでになったそうです。

インタビューの中で、その小説講座を探し、通うようにすすめたのが息子さんだったという話が印象的でした。

専業主婦だった若竹さんが、心の拠り所だったご主人を失った事が、どれほどショックだったか、察するに余りあります。

これからどうやって生きていったら良いのか、落ち込んで途方にくれているお母さんを励ます事ができたのは、息子さんだったのです。励ますだけでなく、お母さんの中に潜む才能を見抜き、情熱を持って学べる場所を探してあげた。その事が大きいと思います。

息子さんのすすめがなければ、若竹さんの今は、ただ生きているだけの、味気ない毎日だったかもしれないのです。

インスタでブレークしているスーパーおばあちゃん西本喜美子さんも、やはり息子さんのサポートあってのご活躍です。現在90歳だそうですが、息子さんが主宰するカメラ講座に通い続けているそうです。

もちろん、「こんなの撮ったら面白いかも」といった感性や、「何時間でもパソコンに向かって補正作業をしても苦痛じゃない」といった才能は喜美子さん自身のものです。でも、その情熱に火をつけたのは、息子さんならでは、という気がするのです。どこに着火すれば、情熱が燃え上がるのか、その導火線のありかを知っているのが、息子さんなのではないでしょうか。

子どもなら誰でも、親の情熱の導火線がわかるのではないかと思うのです。そんなに難しい事ではありません。「本当はこれ、やりたいんじゃないかな」と感じている事を、できるようにサポートしてあげるだけです。

「絵画教室に行ってみたいけど、どこが良いかわからない」
「もう一度水泳をやりたいけど、ちょっと怖いかも」
などと、怖じ気づいていたら、それができるようにサポートしてあげると、どんどん楽しくなって、サポートの必要がなくなってくるかもしれません。

好きで始めた趣味も、義務感になっていないかチェックを

娘や息子のサポートで始める事ができた趣味、もしくは、以前から自分で楽しんでいた趣味の教室、または、町内会の役員など。しかし長くやっていると、当然ながら、興味や情熱は変化していきます。それらの趣味を本当にやりたくてやっているか、時々問いかけてみるのも必要かと思います。

小学校は6年、中学校は3年……。当たり前の事ですが、成人するまでは、何年ごとかで区切りがあって、卒業というリセットの時が嫌でもやってきます。寂しいけれど、今までの生活が終わり、新たな不安と期待の生活が始ま

るのです。

ところが、大人になると、卒業という名目でリセットする機会がなくなってしまいますね。

子育ては子どもが巣立っていけば卒業となります。では、夫婦生活はどうでしょう。

今、アラフィフ世代だと、卒婚といって、夫婦の形態を卒業しても良いのではないか、という新しい価値観も生まれてきています。

ところが、親世代だと、まだまだそんな感覚はなく、夫婦はずっと一緒にいて、死んでも同じお墓に入るのが通常の感覚ですね。やりたくないのに、嫌々食事の支度などしていないでしょうか？

町内会なども、若い人が役員になりたがらず、ずっと同じメンバーで運営している地域もあるかと思います。その仕事、楽しくてやっているのでしょうか?

趣味のお稽古。最初は楽しく習っていたに違いないけど、もう熱も冷めたのに、先生への義理や付き合いで仕方なく続けていませんか?

同じ「やる」でも、「やりたいからやる!」のと「やらなければならないからやる」では、大違いです。

「やらなければならないからやる」を我慢して続ける事は、本当の自分の心をごまかし続ける事になります。我慢すれば我慢するほど、ごまかされた自分の魂は自信を失い輝きを失い、誤った思い込みが積み重なっていきます。ごまかしと思い込みで、自分でもだんだんと訳がわからなくなってしまうでしょう。

これが認知症の原因に結び付くかどうかは、もちろん、証明できません。でも少なからず、大きな要因の1つになっているような気がします。

高齢でも認知症にならずに、元気でハツラツとされている方は、ご自分の好きな事に打ち込んでおられるように思いませんか？

これは趣味の事だけではありません。

もし、お母さんがお父さんのために仕方なく食事の用意をしているとしたら、宅配弁当でもお惣菜でも、手軽に食事の準備ができるようになる情報を入手して教えてあげてください。今は手抜きで作れる方法もいろいろありますから、どんどん取り入れるサポートをしてあげると良いでしょう。

「自分が作らなければいけない」と思い込んでいる方も多いかと思います。やりたくないのにやらなければならないのが辛いので、やりたくないという本心を封じこめてきたからです。

反対に、お料理が好きなのに、火の始末が心配だからと禁止してしまうのも、我慢の元です。

お稽古事も、家事も、本当にやりたくてやってる？　やめたいって言えなくて我慢してない？

本当に本当のご自分の気持ちをごまかさないよう、サポートしてあげると良いと思います。

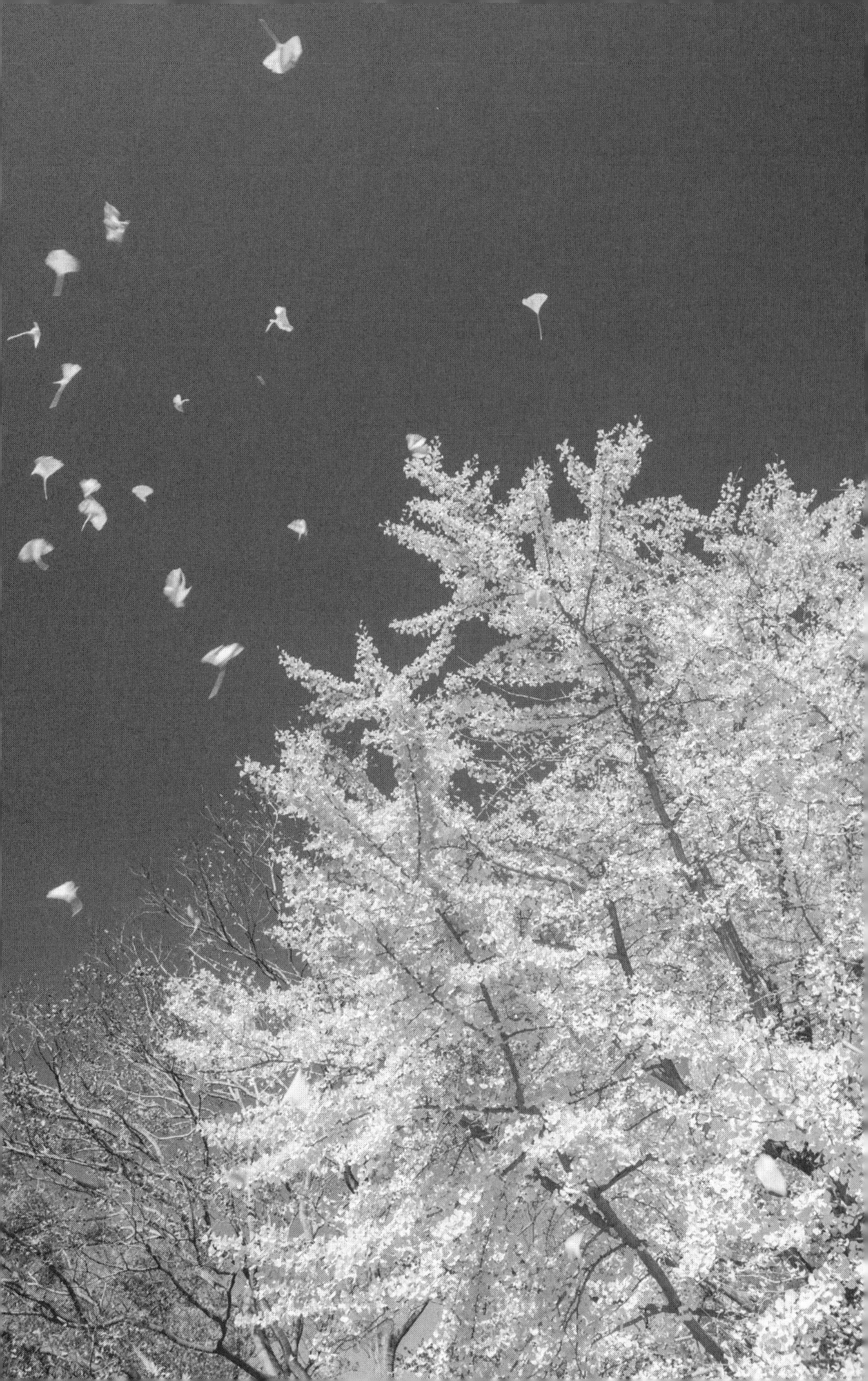

親世代への感謝の気持ちを言葉で伝える

時代はどんどん変わっています。

やっとスマホを使えるようになったら、今度は腕時計型！　ついていくのが大変です。

それはいつの時代にも言える事ではないでしょうか。

私が会社勤めを始めた頃は、どの企業もＦＡＸやパソコンを導入し始めたバブルの時代。まさに時代の変換期でした。

その前は、戦後の大変換期がありました。食べるものにも困る生活から、生きていくために必要なものを生み出し、家庭に炊飯器や洗濯機などの家電を取り入れてくれたのは親世代です。核家族化も進みました。新しい時代の産物をどんどん取り入れ、生活を変換させてきた世代のはずです。

ところが、生活に直結している変化は受け入れられても、日本人の根底に存在する価値観や、風習に残る神聖な思いの変化は受け入れがたいのではないでしょうか。

日本文化は、ハレとケの区別をとても大事にしていました。ハレというのはお正月や結婚式などの特別な日。ケはそうでない普通の日の事です。

ハレは、めったにないからこそ、大事に厳かにしていたのです。昭和初期の設定のドラマなどで、お正月に家族揃って正装し、神棚に向かって柏手を打っているシーンを見た事があるかと思います。現代は多分、そのような事はしないですよね。

正装と柏手に秘められた精神的文化は、次の世代に引き継ぐ事が難しくなっています。

時々あぶりだされる昨今の精神性に、親世代は不満を抱いているのではないでしょうか。

「お正月は○○でなければいけないのに」

「結婚は男と女でするのが常識なのに」

「結婚式は育てた親がお世話になった方を招待して行う崇高な儀式なのに」

「豆まきはしなければならないのに」

などの思い込みが強く、形式に現れる、思いもよらない変化に驚いているような気がします。中には、いったい、自分は何が不満なのかを認識できず、なんとなくモヤモヤと嫌な気持ちになっている方もいるかもしれません。

そんな、親世代の当惑に対して、「もう、時代が変わったのよ」とか「その考えはもう古いのよ」と言ってしまっては、可哀そうだと思うのです。親世代からすれば、子どもの頃に親から教わり、大事に大事に慈しんできた、かけがえのない習慣です。儀式に秘められた想いを大切にして長年生きてきたのです。

なので、不満が起きた時だけでなく、常日頃から、感謝の言葉を口に出して伝えておくと良いと思います。

私たちは、いわば、激変する時代の目撃者です。

「親から子へ、子から孫へ」といった継承ではなく、時代の変化を軽やかに進めていく。しかしながら、その変化が正しいのかどうか。大事な地球に与える影響も考えれば、持続可能な習慣なのか？　検証する役割も担っていると考えています。

もしかしたら、親世代が決めた選択を、否定されたと感じてしまう事があるかもしれません。

だからこそ、「お父さん、お母さんが戦後の時代を頑張ってくれたからこそ、今の自分たちがあります。ありがとうございます。時代は変わっていくけれど、お父さん、お母さんが、豊かな時代を作ってくれたからこそ、次の段階へ進めるんです。ありがとうございます」

といった、感謝の言葉を、きちんと発し、心に届けておく事が大事だと思うのです。

間違っていたのではなく、必要なプロセスだったのだという事を伝えましょう。

親世代が未練なくこの世を卒業するために。
新しい世代に、時代の橋渡しをするために。

何より、自分自身が幸せでいる事を大切に

さて、どうでしょう。いろいろな事を書いてきました。面倒くさそうだなと、思われている方も多いかと思います。その通り。一つの命をこの世からあの世へスムースに送り出すのは、簡単な事ではありません。

ここまでは親に対して何をするかについて書いてきましたが、最後にあなた自身について書きたいと思います。

親を幸せにするためには、前提として娘自身が幸せで満たされている事が

何より大切だからです。自分が満たされていないのに、親のサポートまでしていたら、ますます疲弊して、八つ当たりしたくなってしまうかもしれません。それでは、本末転倒です。

では、自分が幸せでいるには、どうしたら良いのでしょう?

基本的には、自分のやりたい事をやって、毎日楽しく暮らす事だと思います。自分だって、いつまでも若くはありません。けれど、寿命も延び、「人生100年」が当たり前になっている昨今では、まだまだ半ばくらいではないでしょうか?

今まで、家族や仕事に追われていればよかったけれど、そういったしがらみから解放された時、情熱をかけて打ち込める、何か大事な事を、もう見つけていますか?

本当にやりたい事をして楽しく暮らしている方は、自分が満たされているので、親が多少ネガティブな事をゴチャゴチャ言って来ても、動じません。大丈夫です。

本当にやりたい事、できていますか？

親の常識や、社会の常識に沿って生きてきた方は、自分が本当は何をしたかったのか、わからなくなっているかもしれません。それは、勿体ない話です。現代の常識って、長い人類の歴史・広い世界の価値観から見たら、とても小さな枠に過ぎないのです。

特に、昭和の日本は、敗戦でひもじかったので、とにかく、お金をひたすら生み出すための思い込みが刷り込まれているような気がします。

でも、時代は変わりました。平成生まれの若者たちは、すでに古い思い込みもなく、軽やかに人生を謳歌していると思いませんか？　これから、令和に生まれてくる子どもたちは、ますます思い込みのないニュートラルな感性で、どんどん世の中を変えていってくれるでしょう。

昭和生まれだけ取り残されていては悔しい！　と私は思うのです。

本当の自分は何をやりたいのか？　ヒントの鍵は潜在意識にあります。

一生懸命勉強したり、考えたりしているつもりの顕在意識は、実は脳の中のわずか3％に過ぎないという話を聞いた事もあるかと思います。残りは全て潜在意識。答えは無意識の中にあるのです。

母がうつ病のような状態から少し脱出しかけた時、面白い事がありました。

前述のように、母は、おそらく睡眠導入剤の副作用でセロトニンの分泌が減っている状態でした。自分をダメだと思い込んで食事も喉を通らず、毎日泣いていたのです。花の波動エネルギー療法のフラワーエッセンスを使い、かなり前向きに変化していましたが、なかなか、セロトニンを出す事ができなかったようです。

そんな状態の時、夜中にトイレに起きた際、母は寝ぼけながら近くに置いてあったバームクーヘン一袋をバクバクと、一気に食べてしまったのです。無意識なのです。食べてしまってからはたと、「あら、こんなに食べちゃったわ」と思ったそうですが、またすぐ寝てしまったそう。朝に確認したら、やっぱり食べてたと、自分でも驚いていました。

妹は、「いよいよお母さん、認知症かしら?」と心配したようですが、私は、潜在意識がさせる事だから、意味があるに違いないと思い、調べてみたのです。そうすると面白いことがわかりました。

『脳内のセロトニン量はトリプトファンの摂取に依存する。トリプトファンは食肉・卵・魚・チーズなどに多く含まれる。そして摂取するだけでなく、脳内に運ぶためにはブドウ糖や砂糖などの糖分が必要』

つまり、母の潜在意識は、本当に自分に必要なものを摂取させていたのです。糖質ダイエットなどが流行り、顕在意識では甘いものはいけないと思い込んでいますから、夢の中で食べさせるしかなかったのですね。ほどなく、母の憂鬱はすっかり治ってしまいました。

現代人は、昔の日本人に比べて直観力が弱くなっています。

直感をキャッチすると言われる松果体という器官が、眉間の間の奥、脳の中にあるそうです。松ぼっくりのような形をしているので松果体と呼ばれていますが、その大きさが、江戸時代の日本人に比べて3分の1くらい、小さくなってしまったと言います。それでは、なかなか直感が冴えなくても無理はないですね。

そもそも、直感を頼りにしようという意識がなくなってしまったせいかと思います。

子どもの頃、2つに1つで迷った時、「どちらにしようかな。神様の言う通り。天神様の言う通り……」とやりませんでしたか?　あれは、あながち、間違ってない選択方法だと思うのです。

顕在意識ではいくら考えてもわからないので、潜在意識から答えを求めて決断する、という事ですね。

日本人は、そんな不確かな事を信じなくなってしまいましたが、海外では、大の大人でも、そのような決断の仕方をしています。ペンジュラムや、ダウジング、といった道具を使って、2つに1つの決断や、油田の場所を当てたりしているのです。

アメリカでも、大きなビジネスをしている人ほど、ポケットに常にペンジュラムを持ち歩き、AかBかの決断に使っているそうです。

使い過ぎもどうかと思いますが、『顕在意識より潜在意識の方が正しい』と知っている事の現れでしょう。マインドフルネスなどが流行るのも、潜在能力を引き出そうとしているからではないでしょうか。

それに比べて、日本人は潜在意識をないがしろにし過ぎだと感じています。奇跡的な能力を封印しているだけでなく、ネガティブな感情を抱いた時の、感情のカスを溜め込んだままでいます。それも大問題です。その結果、幸せから遠ざかってしまう方もいますから。

感情のカスを溜め込まない方法は、内観する事です。

その日に起きた出来事を思い出しながら、自分に湧いた感情を思い出します。

「あ、あの時、平気なふりしたけど、本当は嫌だったんだ」

「あの時、あの人にちょっと嫉妬してたんだ。悔しかったんだ」

と、ただ正直に認める事。気づく事。気づけば消えるのです。

感謝しなさいとか、友達と仲良くしなさいなどと言われなくても、自分が満たされていれば、自然に思いやりの感情も生まれてきます。

辛い思いや悲しい体験は、音や自分の声、色などが癒してくれます。全章を通じて、癒しの大切さをお伝えしているのはそのためです。歌を歌ったり、絵を描いたりする芸術活動は、豊かな情緒のために大切な事なのです。

赤ちゃんをあやすのに、きれいな音の出るものを使うのは理に適っているのですね。

かつて、内観がまだできない子どものために、『疳の虫』を出す民間療法がありました。

うまく自分の感情を表現できずに癇癪を起こしてしまう子どもは、体の中に感情のカスが溜まっているので、それを出してあげるのです。塩や日光を使って、掌から出したりしていたようです。

疳の虫がいなくなった子どもは、穏やかになって、癇癪も起こさず、兄弟にも優しく接する事ができるようになったそうです。

今でも神社やお寺で、疳の虫退治のご利益などがあるのはその名残でしょう。

もし、あなたが誰かに対してネガティブな感情があるとしたら、それは、あなたが大人として未熟なわけではありません。それは、潜在意識にゴミが溜まってしまっている証拠です。

潜在意識に溜まり過ぎたネガティブな感情の記憶をクリーニングする事。それが、幸せへの近道です。

潜在意識が変わり、自分自身が満たされれば、自然に感謝や愛情の念が湧き上がり、幸福感を味わえます。

まして、親に対して恨みがあるような方は尚更です。過去は変えられないし、親も簡単には変わってくれません。自分が変わってしまうのが、一番の近道なのです。

潜在意識のクリーニングは、いわゆる癒しと言われるヒーリングの効果です。

時代が必要としているのでしょう。今、ヒーラーやセラピストと言われる人がどんどん増えています。かくいう私もその1人です。

○○ヒーリングや、○○セラピーといったものを、ぜひ、受けてみてください。もし、近くに見つからないようなら、癒しイベントに行ってみると良いと思います。

占いやセラピー・ヒーリング。いろいろありますが、なんとなく気になるセラピストさんがいたら、声をかけてみてください。〝なんとなく気になる〟が大事です。それこそが、潜在意識が発している心の声ですから。

きっと、幸せ度がアップして、本当にやりたい事のヒントが得られるでしょう。

本当にやりたい事をやり切り、人生を生き切る事ができれば、あー、楽しかった。さよならと、明るくこの世を去る事ができると思うのです。

こたつでみかんを食べながら、なんの苦しみもなく息を引き取った、という方もいらっしゃいます。

自分はどのようなスタイルで旅立ちたいか、親と話しあってみるのも良いですね。

まず、私たちが幸せになって、そして、親を幸せに見送る。

それは介護というより、お互いの幸せをサポートするプロジェクトの始まりといえるでしょう。

あとがき

この本の原稿をクローバー出版さんに預け、編集を待っている間に、コロナ騒動が始まりました。高齢者は、「自分が感染したら、若い人に迷惑をかける」と恐れを抱き、ますます生きづらい環境で辛い思いをしているように思います。

そんな今だからこそ、幸せな最期を迎えられるようサポートするには、自分がしっかりとした理念を持つ必要があると強く感じざるを得ません。

敗戦の余韻に満ちた昭和という時代に概念を培ってきた親世代。

そんな世代に育てられた私たちは、どうしても、その重たい波動を自らも無意識に持っていています。新しい時代に生まれて来た若い人を受け入れて育てるには、持っているものを意識して手放す勇気が必要なのではないでしょうか。

否定せず、感謝を持って。地球ごと変わる新しい時代へと。

私たちは、その変換の時代を橋渡しする娘たちなのですから。

[著者紹介]

大川未久瑚《みくこ》（音叉セラピスト）

1963年　東京生まれ　千葉県在住

独身のOL時代、バブル絶頂期の都会生活を満喫。その後、結婚を機に千葉に転居し、自然に沿った暮らしにシフトする。畑や田んぼ、海や山に足を運び、自然の中での子育て・自分育てを実践。味噌や梅干しを毎年手作りし、病気や怪我には、野草などを使った手当法で対処する。掃除や洗濯に重曹を使うナチュラルライフも実践・提案している。

2016年、薬の副作用による母親の「感情障害」を、フラワーエッセンスを用いて２か月で完治させる。その経験から、心の健康に必要なのは、花や音の波動による癒しであることを確信。独学で脳科学、各種健康法、気功療法、カラーセラピーなどを勉強しながら母の健康をサポート。身体の健康には、植物や鉱物のエネルギーが必要であることにも理解を深める。

2018年に、心理カウンセリングＮＬＰ・米国音叉療法の資格を取得し、音叉セラピー「おとまま」で起業。「ミネラル」と「音の振動」の力で、人様の元気と幸せをサポートすべく奮闘中。

座右の銘は「未来の自分を幸せにするのは今の自分」。

神社検定3級合格。自称、発酵菌と塩のマニアでもある。

装丁／冨澤 崇（EBranch）
校正協力／島貫順子・あきやま貴子
編集・本文design＆DTP ／小田実紀
編集協力／上野郁美・a.iil《伊藤彩香》

老いを愉しむ、母娘の「暮らしのコツ」
母が弱りはじめたら読む本

初版１刷発行● 2021年１月20日

著者
大川《おおかわ》 未久瑚《みくこ》

発行者
小田 実紀

発行所
株式会社Clover出版
〒162-0843 東京都新宿区市谷田町3-6 THE GATE ICHIGAYA 10階
Tel.03（6279）1912 Fax.03（6279）1913 http://cloverpub.jp

印刷所
日経印刷株式会社

ISBN 978-4-86734-007-3 C0077

本書の内容に関するお問い合わせは、info@cloverpub.jp宛にメールでお願い申し上げます